中医药院校数字化创新教材

本教材适合中职、高职医药卫生类专业使用

传统养生功法实训指导

主　编　陈　屏

副主编　段元涛

编　者　（按姓氏汉语拼音排序）

包　蕊　陈　屏　段元涛

刘华云　罗　其　徐　佳

杨雪松　张　瑜　赵芳霞

科学出版社

北　京

内 容 简 介

本教材根据成都中医药大学附属医院针灸学校多年教学实践经验编写而成，旨在契合教育部最新颁布的相关教育改革方案，并贯彻落实全面健身方案，同时根据本校的实际专业建设情况，将传统体育课程设置为精品课程建设。由我校教师在近几年进行教学实践总结的基础上，针对学生毕业后工作需求，选择了相关理论和实践内容进行编写。本教材主要分为四章，第一章二十四式简化太极拳；第二章八段锦；第三章易筋经；第四章五禽戏。四套养生功法，简单易学。

本教材适合中职、高职医药卫生类专业使用。

图书在版编目（CIP）数据

传统养生功法实训指导 / 陈屏主编 .—北京：科学出版社，2016.8
中医药院校数字化创新教材
ISBN　978-7-03-049278-4

Ⅰ. 传…Ⅱ. 陈…Ⅲ. 体育保健学－中医学院－教材 Ⅳ.G804.3

中国版本图书馆 CIP 数据核字 (2016) 第 150889 号

责任编辑：张映桥 / 责任校对：赵桂芬
责任印制：赵　博 / 封面设计：铭轩堂

科学出版社 出版
北京东黄城根北街 16 号
邮政编码：100717
http://www.sciencep.com
北京九州迅驰传媒文化有限公司印刷
科学出版社发行　各地新华书店经销
*
2016 年 8 月第　一　版　开本：787 × 1092　1/16
2025 年 1 月第十二次印刷　印张：5
字数：118 000
定价：44.80 元
（如有印装质量问题，我社负责调换）

前　言

党的二十大报告指出："人民健康是民族昌盛和国家强盛的重要标志。把保障人民健康放在优先发展的战略位置，完善人民健康促进政策。"贯彻落实党的二十大决策部署，积极推动健康事业发展，离不开人才队伍建设。党的二十大报告指出："培养造就大批德才兼备的高素质人才，是国家和民族长远发展大计。"教材是教学内容的重要载体，是教学的重要依据、培养人才的重要保障。本次教材修订旨在贯彻党的二十大报告精神和党的教育方针，落实立德树人根本任务，坚持为党育人、为国育才。

传统养生功法是我国宝贵的民族文化遗产之一，是中华民族养生、健身实践所积累的宝贵财富。作为一种康复治疗方法，普遍用于临床实践中。中医类院校中、高职学生通过学习本课程，既能掌握传统养生的一般理论，又能进行一些功法的实践和教学，以适应社会需求，满足现代人对健康、养生的需要，提高生活质量。

当前，教育信息技术飞速发展。为贯彻《国家中长期教育改革和发展规划纲要（2010—2020）》《教育信息化十年发展规划（2010—2020）》精神，落实教育部最新《职业学校专业教学标准（试行）》要求；为深入推进构建网络化、数字化、个性化、终身化教育体系，和建设'人人皆学、处处能学、时时可学'的学习型社会；为进一步探索和开发"互联网＋教育"模式，调动广大教师积极参与数字化课程建设，提高数字内容创作和运用能力；为全面贯彻落实健身方案，将传统体育课程建设为精品课程，我们在近几年进行教学实践总结的基础上，编写了本教材。

本教材主要分为四章，第一章二十四式简化太极拳；第二章八段锦；第三章易筋经；第四章五禽戏。四套养生功法，简单易学。本教材在传统教材基础上配置了数字化资源，相关老师付出了大量心血。二十四式简化太极拳视频及图片示范由赵芳霞老师完成；八段锦视频及图片示范由段元涛老师完成；易筋经视频及图片示范由陈屏老师完成；五禽戏视频及图片示范由徐佳老师完成。

本书编写得到了成都中医药大学附属医院针灸学校领导的大力支持，在编写过程中编者团结协作，乐于奉献，保证了本教材的顺利完成。在此，谨表示诚挚的谢意！

由于编者水平有限，书中如有疏漏和不足之处，敬请广大师生批评指正，以便不断完善、发展！

编　者

2023 年 3 月

配套资源

欢迎登录“中科云教育”平台，**免费**数字化课程等你来！

本教材配有图片、视频、音频、动画、题库、PPT课件等数字化资源，持续更新，欢迎选用！

“中科云教育”平台数字化课程登录路径

电脑端

- 第一步：打开网址 http://www.coursegate.cn/short/M44AT.action
- 第二步：注册、登录
- 第三步：点击上方导航栏“课程”，在右侧搜索栏搜索对应课程，开始学习

手机端

- 第一步：打开微信“扫一扫”，扫描下方二维码
- 第二步：注册、登录
- 第三步：用微信扫描上方二维码，进入课程，开始学习

目　录

第一章　二十四式简化太极拳 …… 1

第一节　动作名称 …… 1

第二节　动作图解 …… 2

第二章　八段锦 …… 27

第一节　动作名称 …… 27

第二节　动作图解 …… 27

第三章　易筋经 …… 38

第一节　动作名称 …… 38

第二节　动作图解 …… 38

第四章　五禽戏 …… 54

第一节　动作名称 …… 54

第二节　动作图解 …… 54

参考文献 …… 69

第一章　二十四式简化太极拳

第一节　动作名称

第一组

（一）起势

（二）左右野马分鬃

（三）白鹤亮翅

第二组

（四）左右搂膝拗步

（五）手挥琵琶

（六）左右倒卷肱

第三组

（七）左揽雀尾

（八）右揽雀尾

第四组

（九）单鞭

（十）云手

（十一）单鞭

第五组

（十二）高探马

（十三）右蹬脚

（十四）双峰贯耳

（十五）转身左蹬脚

第六组

（十六）左下势独立

（十七）右下势独立

第七组

（十八）左右穿梭

（十九）海底针

（二十）闪通臂

第八组

（二十一）转身搬拦捶

（二十二）如封似闭

（二十三）十字手

（二十四）收势

第二节 动作图解

第 一 组

（一）起势

1. 动作说明

动作一：身体自然直立，左脚向左分开半步，与肩同宽；两臂自然下垂，手指微屈，两手放于大腿外侧；两眼平视前方。

动作二：两臂慢慢前平举，与肩同宽、同高，两臂自然伸直，肘关节向下微屈；两手掌掌心向下，指尖向前。

动作三：上体保持正直，两腿慢慢屈膝半蹲，重心落在两腿之间，成马步；同时两掌轻轻下按至腹前，两肘下垂与两膝相对；两眼平视前方（图 1-1）。

图 1-1

2. 动作要点

（1）预备时，头颈正直，下颌微向后收，不要故意挺胸或收腹。精神要集中（起势由立正姿势开始，然后左脚向左分开，成开立步）。

（2）起式时，两肩下垂，两肘松垂，手指自然微屈。屈膝松腰，臀部不可凸出，身体重心落于两腿中间。两臂下落和身体下蹲的动作要一致。

3. 注意事项

（1）向左开步时，若身体左右摇晃。可通过单独进行下肢步法练习，有意识保持上体中正。

（2）两臂练习前举和下按时，两肩保持自然下沉，肩肘手缓慢自然上提下按。两肘关节不可外撑、上扬；两肩不能上耸。

（二）左右野马分鬃

1. 动作说明

动作一：接上式，上体稍向右转，身体重心移到右腿上；右臂屈抱于右胸前，手高不得超过肩，肘略低于手，手心向下；左手经体前向右下划弧至右手下，手心向上，两手上下相对，如在右胸前抱球状；左脚收至右脚内侧，脚尖点地；眼看右手（图 1-2）。

动作二：上体左转；左脚向左前方迈一步，脚跟轻轻着地，重心落在右腿上。重心前移，左脚屈膝前弓；右腿自然蹬直，右脚跟外展，成左弓步；同时上体继续左转，左右手随转体慢慢分别向左上、右下分开，左手分至体前，与眼同高，手心斜向上；右手按至右胯旁，手心向下，指尖朝前；两臂微屈；眼看左手（图 1-3）。

图 1-2

图 1-3

动作三：上体慢慢后坐，身体重心移至右腿上，左脚尖翘起微向外撇（45° ～60° ），随后脚掌慢慢踏实，左腿慢慢前弓，身体左转，重心移至左腿；同时左手翻转向下，左臂收在胸前平屈，右手向左上划弧至左手下，两手心相对成抱球状；右脚随即收到左脚内侧，脚尖点地；眼仍看左手（图 1-4）。

动作四：右腿向右前方迈出，左腿自然伸直，成右弓步；同时上体右转，左右手随转体分别慢慢向左下，右上分开，右手高与眼平（手心斜向上），两臂肘微屈，左手按至左胯旁，手心向下，指尖向前；眼看右手（图 1-5）。

图 1-4

图 1-5

动作五：与动作三动作相同，只是左右相反。

动作六：与动作四动作相同，只是左右相反。

2. 动作要点

（1）上体不可前俯后仰，胸部必须宽松舒展。两臂分开时要保持弧形。身体转动时要以腰为轴。弓步动作与分手的速度要均匀一致。做弓步时，迈出的脚先脚跟着地，然后脚掌慢慢踏实，脚尖向前，膝盖不要超过脚尖；后腿自然伸直；前后脚夹角约为 45°～60°（需要时后脚脚跟可以后蹬调整）。

（2）野马分鬃式的弓步，前后脚的脚跟要分在中轴线两侧，它们之间的横向距离（即以动作行进的中线为纵轴，其两侧的垂直距离为横向）应保持在 10～30 厘米。

3. 注意事项

（1）步法出现沉重急促，拖泥带水时，多练习脚上步法，上步时步法要轻盈，慢慢屈膝提收。

（2）弓步时后脚跟没有外展后蹬，造成挺胸、侧肩、开胯、敞裆的错误时，多练习左、右弓步练习，后脚跟保持要外展，向后蹬。

（3）手脚配合不协调时，步法不要太大，降低下肢的负担，分解动作练习，使上下肢配合一致。

（三）白鹤亮翅

1. 动作说明

动作一：接上式，上体微向左转；左手翻掌向下，左臂平屈胸前，右手向左上划弧，手心转向上，与左手成抱球状；眼看左手。

动作二：右脚跟进半步，上体后坐，身体重心移至右腿，上体先向右移，面向右前方，眼看右手；然后左脚稍向前移，脚尖点地，成左虚步；同时上体再微向左转，面向前方，两手随转体慢慢向右上、左下分开，右手上提停于右额前，手心向左后方，左手落于左胯前，手心向下，指尖向前；眼平视前方（图 1-6）。

图 1-6

2. 动作要点

完成姿势胸部不要挺出，两臂都要保持半圆行，左膝要微屈。身体重心后移和右手上提、左手下按要协调一致。

3. 注意事项

（1）上体不可后仰，注意下颌内收，有意识收腹、含胸，头上顶。

（2）手臂后展过大时手臂略向前撑圆，使胸部内含。

第　二　组

（四）左右搂膝拗步

1. 动作说明

动作一：接上式，右手从体前下落，由下向后上方划弧至右肩外，手与耳同高，手心斜向上；左手由左下向上、向右划弧至右胸前，手心斜向下；同时上体先微向左再向右转；左脚收至右脚内侧，脚尖点地，眼看右手（图 1-7）。

动作二：上体稍左转；左脚向左前方迈一步，脚跟轻轻落地，成左弓步；同时右臂屈肘，右手屈回由耳侧向前推出，高与鼻尖平，左手向下由左膝前搂过落在左胯旁，指尖向前；眼看右手手指（图 1-8）。

图 1-7

图 1-8

动作三：右腿慢慢屈膝，上体后坐，身体重心移至右腿，左脚尖翘起微向外撇，随后脚掌慢慢踏实，左腿前弓，身体左转，身体重心移至左腿，右腿收到左脚内侧，脚尖点地；同时左手向外翻掌由左后方向上划弧至左肩外侧，肘微屈，手与耳同高，手心斜向上；右手随转体向上、向左下划弧落于左胸前，手心斜向下；眼看左手（图 1-9）。

动作四：与动作二相同，只是左右相反（图 1-10）。

动作五：与动作三相同，只是左右相反。

动作六：与动作二相同。

图 1-9

图 1-10

2. 动作要点

（1）前手推出时，身体不可前俯后仰，要松腰松胯。

（2）推掌时要沉肩垂肘，坐腕舒掌，同时须与松腰、弓腿上下协调一致。

（3）搂膝拗步成弓步时，两脚跟的横向距离保持 30 厘米左右。

3. 注意事项

（1）跟步收脚摆臂时，若身体前俯或侧倒，可将姿势抬高一点练习，降低步法移动的难度，保持上体中正。

（2）落脚太重时反复进行一脚支撑，另一脚出脚、收回的练习，体会下肢虚实的转换。

（五）手挥琵琶

1. 动作说明

动作一：接上式，右脚向前跟半步，上体后坐，身体重心转至右腿上，上体半面向右转，左脚略提起稍向前移，变成左虚步，脚跟着地，脚尖翘起，膝部微屈；同时左手由左下向上挑举，高与鼻尖平，掌心向右，臂微屈；右手收回放在左肘里侧，掌心向左；眼看左手食指（图 1-11）。

图 1-11

2. 动作要点

（1）身体要平稳自然，沉肩垂肘，胸部放松。

（2）左手上起时不要直向上挑，要由左向上、向前，微带弧形。

（3）右脚跟进时，脚掌先着地，再全脚踏实。身体重心后移和左手上起、右手回收要协调一致。

3. 注意事项

（1）强调身体的中正，前腿微屈，使臀部收敛。

（2）两手相合手臂屈肘太大时，体会手臂在微屈的前提下，尽量前伸，使动作舒展大方。

（3）在完成手挥琵琶的动作后，有意识地进行“耸肩、沉肩”的对比练习，克服耸肩的毛病。

（六）左右倒卷肱

1. 动作说明

动作一：接上式，上体稍右转；右手翻掌（掌心向上）经腹前由下向后上方划弧平举，臂微屈，左手随即翻掌向上；眼的视线随着向右转体先向右看，再转向前方看左手（图 1-12）。

动作二：右臂屈肘折向前，右手由耳侧向前推出，手心向前，左臂屈肘后撤，手心向上，撤至左肋外侧；同时左腿轻轻提起向后（偏左）退一步，脚掌先着地，然后全脚掌慢慢踏实，身体重心移到左腿上，成右虚步，右脚随转体以脚掌为轴扭正；眼看右手（图 1-13）。

图 1-12

图 1-13

动作三：上体微向左转，同时左手随转体向后上方划弧平举，手心向上，右手随即翻掌，掌心向上；眼随转体先向左看，再转向前方看右手（图 1-14）。

动作四：与动作二相同，只是左右相反（图 1-15）。

图 1-14

图 1-15

动作五：与动作三相同，只是左右相反。

动作六：与动作二相同。

动作七：与动作三相同。

动作八：与动作二相同，只是左右相反。

2. 动作要点

（1）前推的手不要伸直，后撤手也不可直向回抽，随转体仍走弧线。前推时，要转腰松胯，两手的速度要一致，避免僵硬。

（2）退步时，脚掌先着地，再慢慢全脚踏实，同时，前脚随转体以脚掌为轴扭正。退左脚略向左后斜，退右脚略向左右后斜，避免使两脚落在一条直线上。

（3）后退时，眼神随转体动作先向左或右看，然后再转看前手。最后退右脚时，脚尖外撇的角度略大些，便于接做“左揽雀尾”动作。

3. 注意事项

（1）下肢步法移动时，步幅缩小、速度放慢，体会下肢的虚实转换。

（2）上下肢配合不协调可分解练习，即分解为：转腰举臂、撤步收手、虚步推掌三个动作，每一个动作可以停顿，体会上下肢的配合，最后连贯练习。

第 三 组

（七）左揽雀尾

1. 动作说明

动作一：接上式，上体微向右转，同时右手随转体向后上方划弧平举，手心向上，左手放松，手心向下；眼看左手。

动作二：上体继续右转，左手自然下落逐渐翻掌经腹前划弧至右肋前，手心向上；右臂屈肘；手心转向下，收至右胸前，两手相对成抱球状；同时身体重心落在右腿上，左脚收到右脚内侧，脚尖点地；眼看右手。

动作三：上体微向左转，左脚向左前方迈出，上体继续向左转，右腿自然蹬直左腿屈膝，成左弓步；同时左臂向左前方掤出（即左臂平屈成弓形，用前臂外侧和手背向前推出），高与肩平，手心向后；右手向右下落于右胯旁，手心向下，指尖向前；眼看左臂（图 1-16）。

动作四：身体微向左转，左手随即前伸翻掌向下，右手翻掌向上，经腹前向上、向前伸至左前臂下方；然后两手下捋，即上体向右转，两手经腹前向右后上方划弧，直至右手手心向上，高与肩齐，左臂平屈于胸前，手心向后；同时身体重心移至右腿；眼看右手（图 1-17）。

图 1-16

图 1-17

动作五：上体微向左转，右臂屈肘折回，右手附于左手腕里侧（相距约 5 厘米），上体继续向左转，双手同时向前慢慢挤出，左手心向右，右手心向前，左前臂保持半圆；同时身体重心逐渐前移变成左弓步；眼看左手腕部（图 1-18）。

动作六：左手翻掌，手心向下，右手经左腕上方向前、向右伸出，高与左手齐，手心向下，两手左右分开，宽与肩同；然后右腿屈膝，上体慢慢后坐，身体重心移至右腿上，左脚尖翘起；同时两手屈肘回收至腹前，手心均向前下方；眼向前平看。

动作七：上式不停，身体重心慢慢前移，同时两手向前、向上按出，掌心向前；左腿前弓成左弓步；眼平视前方（图 1-19）。

图 1-18

图 1-19

2. 动作要点

（1）掤出时，两臂前后均保持弧形。分手、松腰、弓腿三者必须协调一致。揽雀尾弓步时，两脚跟横向距离不超过 10 厘米。

（2）下捋时，上体不可前倾，臀部不要凸出。两臂下捋须随腰旋转，仍走弧线。左脚全掌着地。

（3）向前挤时，上体要正直。挤的动作要与松腰、弓腿相一致。

（4）向前按时，两手须走曲线，腕部高与肩平，两肘微屈。

3. 注意事项

（1）身体起伏明显，要加强下肢力量练习，同时注意重心移动过程中，要松腰送胯，以腰胯带动，使两腿屈伸灵活自如。

（2）重心前移时，有意识地把注意力放到后腰上，使后腰要前顶；而后坐时，则把注意力放到下腹，使小腹内收下引，从而使身体保持正直。

（3）腰部的转动不够充分，可将姿势站高，使后腿的膝关节外展，体会腰部的转动。

（八）右揽雀尾

1. 动作说明

动作一：接上式，上体后坐并向右转，身体重心移至右脚，左脚尖里扣；右手向右平行划弧至右侧，然后由右下经腹前向左上划弧至左肋前，手心向上；左臂平屈胸前，左手掌心向下与右手成抱球状；同时身体重心再移至左腿上，右脚收至左脚内侧，脚尖点地；眼看左手。

动作二：同“左揽雀尾”动作三相同，只是左右方向相反（图 1-20）。

动作三：同“左揽雀尾”动作四相同，只是左右方向相反（图 1-21）。

图 1-20

图 1-21

动作四：同“左揽雀尾”动作五相同，只是左右方向相反（图 1-22）。

动作五：同“左揽雀尾”动作六相同，只是左右方向相反。

动作六：同“左揽雀尾”动作七相同，只是左右方向相反（图 1-23）。

动作要点、易犯错误及纠正方法均与“左揽雀尾”相同，只是左右相反。

图 1-22

图 1-23

第　四　组

（九）单鞭

1. 动作说明

动作一：接上式，上体后坐，身体重心逐渐移至左腿上，右脚尖里扣同时上体左转，两手（左高右低）向左弧形运转，直至左臂平举，伸于身体左侧，手心向左，右手经腹前运至左肋前，手心向后上方；眼看左手。

动作二：身体重心再渐渐移至右腿上，上体右转，左脚向右脚靠拢，脚尖点地；同时右手向右上方划弧（手心由里转向外），至右侧方时变勾手，臂与肩平；左手向下经腹前向右上划弧停于右肩前，手心向里；眼看左手（图 1-24）。

动作三：上体微向左转，左脚向左前侧方迈出，右脚跟后蹬，成左弓步；在身体重心移向左腿的同时，左掌随上体的继续左转慢慢翻转向前推出，手心向前，手指与眼齐平，臂微屈；眼看左手（图 1-25）。

图 1-24

图 1-25

2. 动作要点

（1）上体保持正直，松腰。完成式时，右肘稍下垂，左肘与左膝上下相对，两肩下沉。

（2）左手向外翻掌前推时，要随转体边翻边推出，不要翻掌太快或最后突然翻掌。

（3）全部过渡动作上下要协调一致。

3. 注意事项

（1）强调边旋臂边推掌，旋臂与推掌同时结束。

（2）慢速练习弓步与单鞭动作，要求弓步前移与单鞭配合一致。

（十）云手

1. 动作说明

动作一： 接上式，身体重心移至右腿上，身体渐向右转，左脚尖里扣；左手经腹前向右上划弧至右肩前，手心斜向后，同时右手变掌，手心向右前；眼看左手。

动作二： 上体慢慢左转，身体重心随之逐渐左移；左手由脸前向左侧运转，手心渐渐转向左方；右手由下经腹前向左上划弧至左肩前，手心斜向后；同时右脚靠近左脚，成小开立步（两脚相距约 10 ～ 20 厘米）；眼看左手（图 1-26）。

动作三： 上体再向右转，同时左手经腹前向右上划弧至右肩前，手心斜向后；右手向右侧运转，手心翻转向右；随之左腿向左横跨一步；眼看左手（图 1-27）。

图 1-26

图 1-27

动作四： 同动作二相同。

动作五： 同动作三相同。

动作六： 同动作二相同。

2. 动作要点

（1）身体转动要以腰脊为轴，松腰、松胯，不可忽高忽低。两臂随腰的转动而运转，要自然圆活，速度要缓慢均匀。

（2）下肢移动时，身体重心要稳定，两脚掌先着地再踏实，脚尖向前。

（3）眼的视线随左右手而移动。

（4）第三个“云手”的右脚最后跟步时，脚尖微里扣，便于接“单鞭”动作。

3. 注意事项

（1）慢速练习，强调当手运行到一侧时，另一侧的脚收回（或迈出）。

（2）两掌运转时需要转腰，体会腰部的动作。

（十一）单鞭

1. 动作说明

动作一：接上式，上体右转，重心移向右腿，左脚跟提起，右手经头前向右划弧，至右前方时，掌心翻转变勾手；左手向下经腹前向右划弧至右肩前，掌心转向内；眼看左手（图 1-28）。

动作二：上体左转，左脚向左前方上步，脚跟落地；左手经面前向左划弧，掌心向内；眼看左手。上体继续左转，重心前移，左脚踏实，左腿屈弓，右腿自然蹬直，脚跟外展，成左弓步；左手经面前翻转向前推出，腕与肩平，左肘与左膝上下相对；右勾手举于侧后方，腕与肩平；眼看左手（图 1-29）。

教学要点、注意事项与（九）单鞭相同。

图 1-28

图 1-29

第　五　组

（十二）高探马

1. 动作说明

动作一：接上式，后脚向前收拢半步，脚前掌着地，距前脚约一脚长。上体稍右转；重心后移，右脚踏实，右腿屈坐，左脚跟提起；右勾手松开，两手翻转向上，两臂前后平举，肘关节微屈；眼看右手。

动作二：上体左转，脚前掌着地，成左虚步；右手屈收，经头侧再向前推出，腕与肩同高，手心向前；左臂屈收，左手收至腹前，掌心向上，眼看右手（图 1-30）。

图 1-30

2. 动作要点

（1）上体自然正直，双肩要下沉，右肘微下垂。

（2）跟步转换重心时，身体不要有起伏。

3. 注意事项

后坐翻掌时，不可过分转头看右手，造成头颈紧张。

（十三）右蹬脚

1. 动作说明

动作一：接上式，左手经右手背向右前方穿出，两手交叉，腕关节相交，左掌心斜向上，右掌心斜向下。上体左转；左脚向左前方迈出，脚跟着地，左手内旋，两手虎口相合举于头前，手心皆向外，眼看左手。重心前移，左脚踏实，左腿屈弓，右脚自然蹬直，两手同时向左右分开，两臂外撑，眼看右手（图 1-31）。

动作二：右腿收至左脚内侧，脚尖点地；两手向腹前划弧相交合抱，举至胸前，右手向外，两掌心皆向内，眼看右前方（图 1-32）。

动作三：左腿支撑，右腿屈膝上提，脚跟用力慢慢向右前方蹬出。左脚微屈，右脚伸直，两手手心向外撑开，两臂展于身体两侧，肘关节微屈，两腕与肩平。眼看右手（图 1-33）。

图 1-31

图 1-32

图 1-33

2. 动作要点

（1）身体要稳定，不可前俯后仰。

（2）两手分开时，腕部与肩齐平。

（3）蹬脚时，左腿微屈，右脚尖回勾，劲使在脚跟。

（4）分手和蹬脚须协调一致。

（5）右臂和右腿上下相对。

3. 注意事项

（1）支撑腿屈膝不要太大，防止造成上体后仰。练习时强调收胯，支撑腿要伸直，使上体保持正直。

（2）两掌分撑不可太高，练习分掌外翻时，要沉肩垂肘，前掌与肩同高，后掌与头同高。

（十四）双峰贯耳

1. 动作说明

动作一： 右腿屈膝回收，脚尖自然下垂；左手经头侧向后上、向前落至体前，与右手并行落于右膝上方，掌心皆向上，指尖向前；眼看前方（图 1-34）。

动作二：右脚向右前方下落上步，脚跟着地，脚尖斜向右前方；两手收至两腰侧，掌心向上（图 1-35）。重心前移，右脚踏实，右腿屈弓，左腿自然蹬直，成右弓步；两手握拳两侧向上、向前划弧摆至头前，两臂半屈成弧，两拳相对成钳形，相距同头宽，前臂内旋，两拳眼斜向下；眼看前方（图 1-36）。

图 1-34

图 1-35

图 1-36

2. 动作要点

完成式时，头颈正直，松腰松胯，两拳松握，沉肩垂肘，两臂均保持弧形。双峰贯耳式的弓步和身体方向与右蹬脚方向相同。弓步的两脚跟横向距离同“揽雀尾”式。

3. 注意事项

（1）贯拳时两臂不能垂直，拳眼不可相对，贯拳时两手应握拳从两侧向上、向前划弧摆至头前，两臂半屈成弧，两拳相对成钳形。

（2）定势时要保持两肩放松，做到两拳眼斜向下，立身中正，沉肩坠肘，不可耸肩缩脖，低头拱背，俯身突臀。

（十五）转身左蹬脚

1. 动作说明

动作一：接上式，左腿屈坐，重心后移，上体左转；右腿伸直，脚尖内扣；两拳松开变掌，左手经头前向左侧划弧，两臂微屈举于身体两侧，两掌心向外；眼转看左手（图 1-37）。

动作二：重心右移，右腿屈膝后坐，左脚收至右脚内侧，脚尖点地；两手向下划弧，于腹前交叉合抱，举至胸前，左手在外，手心皆向内；眼看左前方（图 1-38）。

图 1-37

图 1-38

动作三：两掌心转向外，两手向左前方和右后方划弧分开平举，两臂微屈；右脚支撑，左脚屈膝高提，左脚脚尖上勾，脚跟用力向左前上方慢慢蹬出；眼看左手（图 1-39）。

图 1-39

2. 动作要点

与右蹬脚式相同，只是左右相反。左蹬脚方向与右蹬脚成 180°。

3. 注意事项

（1）重心左右移动不充分，两腿虚实不清时，可多做两腿重心转移的单腿支撑练习。转体时上体左转，左腿屈坐，右腿伸直，脚尖内扣。

（2）同（十四）右蹬脚。

第 六 组

（十六）左下势独立

1. 动作说明

动作一： 接上式，左腿收回平屈，左脚下落收于右踝内侧；上体右转；右掌变成勾手，左掌向上、向右划弧下落，立于右肩前，掌心斜向后，指尖向上；眼看右勾手（图 1-40）。

动作二： 右腿慢慢屈膝下蹲，左脚由内侧向左侧伸出，成左仆步；左手下落（掌心向外）向左下顺左腿内侧向前穿出；眼看左手（图 1-41）。

图 1-40

图 1-41

动作三： 身体重心前移，左脚跟为轴，脚尖尽量向外撇，左腿前弓，右腿后蹬，右脚尖里扣，上体微向左转并向前起身；同时左臂继续向前伸出（立掌），掌心向右，右勾手下落，勾尖向后；眼看左手（图 1-42）。

动作四： 右腿慢慢提起平屈，成左独立式；同时右手变掌，并由后下方顺右腿外侧向前弧形摆出，屈臂立于右腿上方，肘与膝相对，手心向左；左手落于左胯旁，手心向下，指尖向前；眼看右手（图 1-43）。

图 1-42

图 1-43

2. 动作要点

上体要正直，独立的腿要微屈，右腿提起时脚尖自然下垂。

3. 注意事项

（1）下势仆步姿势过高时，可加强下肢柔韧性练习，多练习仆步压腿动作。

（2）下势接独立势时，要先转身，避免臀部向前顶起，使上体前倾。

（十七）右下势独立

1. 动作说明

动作一：接上式，右脚落于左脚右前方，脚前掌着地；上体左转，左脚以脚掌为轴随之扭转；左手变勾手提举于身体左前方，高于肩平右手经头前向左划弧摆至左肩前，掌心向左；眼看左勾手（图 1-44）。

动作二：同“左下势独立”的动作二相同，只是左右相反（图 1-45）。

图 1-44

图 1-45

动作三：同“左下势独立”的动作三相同，只是左右相反（图 1-46）。

动作四：同“左下势独立”的动作四相同，只是左右相反（图 1-47）。

图 1-46

图 1-47

2. 动作要点

（1）右脚尖触地后必须稍微提起，然后再向下仆腿。

（2）其他均与“左下势独立”相同，只是左右相反。

3. 注意事项

（1）落脚转身时重心始终放在左脚上。不可重心移向右腿，转身后重心再移向左腿。

（2）参见（十六）左下势独立。

第 七 组

（十八）左右穿梭

1. 动作说明

动作一：接上式，上体左转，左脚向左前方落步，脚跟着地，脚尖外撇，右脚跟离地，两腿屈膝成半坐盘式；两手在左肋前上下相抱，左手心向下左手内旋；右脚收于左踝内侧，脚尖点地；眼看左前臂（图 1-48）。

动作二：上体右转，右脚向右前方上步，屈膝弓腿成右弓步；同时右手翻转上举，掌心斜向上；左手推至体前，腕高于肩平；眼看左手（图 1-49）。

图 1-48

图 1-49

动作三：重心稍后移，右脚尖向外撇，上体重心移至右腿，左脚跟进，停于右脚内侧，脚尖点地；同时两手在右胸前上下相抱；眼看右前臂（图 1-50）。

动作四：同动作二相同，只是左右相反（图 1-51)。

图 1-50

图 1-51

2. 动作要点

（1）完成姿势面向斜前方。

（2）手推出后，上体不可前俯。手向上举时，防止引肩上耸。一手上举一手前推要与弓腿松腰上下协调一致。

（3）做弓步时，两脚跟的横向距离同搂膝拗步式，保持在 30 厘米左右。

3. 注意事项

推掌时，身体歪斜，架掌外展不应过大。可有意识保持头正、两肩平行，肘关节不要外翻过大。

（十九）海底针

1. 动作说明

接上式，右脚向前收拢半步，身体重心移至右脚，左脚稍向前移，脚尖点地，成左虚步；同时身体稍右转，右手下落经体前向后、向上提抽至肩上耳旁，再随身体左转，由右耳旁斜向前下方插出，掌心向左，指尖斜向下；与此同时，左手向前、向下划弧落于左胯旁，手心向下，指尖向前；眼看前下方（图 1-52）。

图 1-52

2. 动作要点

（1）身体要先向右转，再向左转。

（2）上体不可太前倾。

（3）避免低头和臀部外凸。

（4）左腿要微屈。

3. 注意事项

（1）低头俯腰不可过大，上体要舒展拔背，头部上顶。

（2）下肢虚实不分明时可先高姿势练习下肢虚实，然后逐渐降低重心。

（二十）闪通臂

1. 动作说明

接上式，上体右转，左脚向前迈出，屈膝弓腿成左弓步；同时右手由体前上提，屈臂上举，停于右额前上方，掌心翻转斜向上，拇指朝下（图 1-53）；左手上起经胸前向前推出，高与鼻尖平，手心向前；眼看左手（图 1-54）。

图 1-53

图 1-54

2. 动作要点

（1）完成姿势上体要自然正直，松腰、松胯；左臂不要完全伸直，背部肌肉要伸展开。

（2）推掌、举掌和弓腿动作要协调一致。

（3）弓步时，两脚跟横向距离同“揽雀尾”式。

3. 注意事项

（1）定势时，多练习定势动作，定势时身体成左弓步，身体朝正前方，眼看前手，不可扭胯侧身，做成侧弓步。

（2）推掌和弓步应同时进行练习，上下协调一致，不可脚快手慢，上下动作不合拍。

（二十一）转身搬拦捶

1. 动作说明

动作一：接上式，上体后坐，重心后移，右腿屈坐，左脚尖内扣，身体向右后转，然后身体重心再移至左腿上；同时右手随转体向右、向下（变拳）经腹前划弧至左肋旁，拳心向下，左掌上举于头前，掌心斜向上；眼看前方。

动作二：向右转体，右拳经胸前向前翻转撇出，拳心向上；左手落于左胯旁，掌心向下，指尖向前；同时右脚收回后（不要停顿或脚尖点地）即向前迈出，脚尖外撇；眼看右拳（图 1-55）。

动作三：身体重心移至右腿上，左脚向前迈一步；左手上起经左侧向前上划弧拦出，掌心向前下方；同时右拳向右划弧收到右胯旁，拳心向上；眼看左手（图 1-56）。

图 1-55

图 1-56

动作四：左腿前弓成左弓步，同时右拳向前打出，拳眼向上，高与胸平，左手附于右前臂里侧；眼看右拳（图 1-57）。

图 1-57

2. 动作要点

（1）右拳不要握得太紧。

（2）右拳回收时，前臂要慢慢内旋划弧，然后再外旋停于右胯旁，拳心向上。

（3）向前打拳时，右肩随拳略向前引伸，沉肩垂肘，右臂要微屈。

（4）弓步时，两脚横向距离同“揽雀尾”式。

3. 注意事项

（1）上下肢不协调可分解、分动作练习此动作。

（2）慢速练习，强调旋臂动作形成立圆和平圆。

（二十二）如封似闭

1. 动作说明

动作一：接上式，左手由右腕下向前伸出，右拳变掌，两手手心逐渐翻转向上（图 1-58），并慢慢分开回收；同时身体后坐，左脚尖翘起，身体重心移至右腿；眼看前方（图 1-59）。

图 1-58

图 1-59

动作二：两手在胸前翻掌，向下经腹前再向上、向前推出，腕部与肩平，手心向前；同时左腿前弓成左弓步，眼看前方（图 1-60）。

图 1-60

2. 动作要点

（1）身体后坐时，避免后仰，臀部不可凸出。

（2）两臂随身体回收时，肩、肘部略向外松开，不要直着抽回。

（3）两手推出宽度不要超过两肩。

3. 注意事项

（1）后坐引收时右腿不可挺髋，上体保持中正，不可后仰。

（2）按掌时多练习左弓步，上体保持松正，身体不可前仰。

（二十三）十字手

1. 动作说明

动作一：接上式，屈膝后坐，身体重心移向右腿，左脚尖里扣，向右转体右手随着转体动作向右平摆划弧，与左手成两臂侧平举，掌心向前，肘部微屈；同时右脚尖随着转体稍向外撇，成右侧弓步；眼看右手（图 1-61）。

动作二：身体重心慢慢移至左腿，右脚尖里扣，随即向左收回，两脚距离与肩同宽，两腿逐渐蹬直，成开立步；同时两手向下经腹前向上划弧交叉抱于胸前，两臂撑圆，腕高与肩平，右手在外，成十字手，手心均向后；眼看前方（图 1-62）。

图 1-61

图 1-62

2. 动作要点

（1）两手分开和合抱时，上体不要前俯。站起后，身体自然正直，头要微向上顶，下颌稍向后收。

（2）两臂环抱时须圆满舒适，沉肩垂肘。

3. 注意事项

（1）第一、二动作身体右转时，多做转体摆手练习，手脚连贯同时完成，中途不能停顿。

（2）左转搭手时上体保持端正，重心在左腿上，不可低头弯腰。

（二十四）收势

1. 动作说明

接上式，两手向外翻掌，手心向下，两臂慢慢下落，停于身体两侧；眼看前方（图 1-63）。

图 1-63

2. 动作要点

（1）两手左右分开下落时，要注意全身放松，同时气也徐徐下沉（呼气略加长）。

（2）呼吸平稳后，把左脚收到右脚旁，再走动休息。

3. 注意事项

翻掌分手时腕关节不可屈折挽花，多做翻掌分手练习，两手内旋，应边分边翻转。

第二章　八　段　锦

第一节　动作名称

预　备　势	第五式　摇头摆尾去心火
第一式　两手托天理三焦	第六式　两手攀足固肾腰
第二式　左右开弓似射雕	第七式　攥拳怒目增气力
第三式　调理脾胃须单举	第八式　背后七颠百病消
第四式　五劳七伤往后瞧	收　　势

第二节　动作图解

预　备　势

1. 动作说明

动作一：两脚并步站立；两臂自然垂于体侧；身体中正，目视前方。

动作二：随着松腰沉髋，身体重心移至右腿；左脚向左侧开步，脚尖朝前，约与肩同宽；目视前方。

动作三：两臂内旋，两掌分别向两侧摆起，约与髋同高，掌心向后；目视前方。

动作四：上动不停。两腿膝关节稍屈；同时，两臂外旋，向前合抱于腹前呈圆弧形，与脐同高，掌心向内，两掌指间距离约 10 厘米；目视前方（图 2-1）。

图 2-1

2. 动作要点

（1)头向上顶，下颏微收，舌抵上腭，双唇轻闭；沉肩坠肘，腋下虚掩；胸部宽舒，腹部松沉；收髋敛臀，上体中正。

（2）呼吸徐缓，气沉丹田，调息 6 ～ 9 次。

3. 注意事项

（1）沉肩，垂肘，指尖相对，大拇指放平。

（2）收髋敛臀，命门穴放松；膝关节不超越脚尖，两脚平行站立。

第一式　两手托天理三焦

1. 动作说明

动作一：接上式。两臂外旋微下落，两掌五指分开在腹前交叉，掌心向上，目视前方。

动作二：上动不停。两腿徐缓挺膝伸直；同时，两掌上托至胸前，随之两臂内旋向上托起，掌心向上。抬头，目视两掌（图 2 -2）。

动作三：上动不停。两臂继续上托，肘关节伸直；同时，下颏内收，动作略停；目视前方（图 2-3）。

图 2-2

图 2-3

动作四：身体重心缓缓下降；两腿膝关节微屈；同时，十指慢慢分开，两臂分别向身体两侧下落，两掌捧于腹前，掌心向上；目视前方。

本式托举、下落为 1 遍，共做 6 遍。

2. 动作要点

（1）两掌上托要舒胸展体，略有停顿，保持伸拉。

（2）两掌下落，松腰沉髋，沉肩坠肘，松腕舒指，上体中正。

3. 注意事项

两掌上托，舒胸展体缓慢用力，下颏先向上助力，再内收配合两掌上撑，力在掌根。

第二式　左右开弓似射雕

1. 动作说明

动作一：接上式。身体重心右移；左脚向左侧开步站立，两腿膝关节自然伸直；同时，两掌向上交叉于胸前，左掌在外，两掌心向内；目视前方（图 2-4）。

动作二：上动不停。两腿徐缓屈膝半蹲成马步；同时，右掌屈指成“爪”向右拉至肩前；左掌成八字掌，左臂内旋，向左侧推出，与肩同高，坐腕，掌心向左，犹如拉弓射箭之势；动作略停；目视左掌前方向（图 2-5）。

图 2-4

图 2-5

动作三：身体重心右移，同时，右手五指伸开成掌，向上、向右划弧，与肩同高，指尖朝上，掌心斜向前；左手指伸开成掌，掌心斜向后；目视右掌（图 2-6）。

动作四：上动不停。重心继续右移；左脚回收成并步站立；同时，两掌分别由两侧下落，捧于腹前，指尖相对，掌心向上；目视前方。

动作五至动作八：同动作一至动作四，唯左右相反。

本式一左一右为 1 遍，共做 3 遍。

图 2-6

第 3 遍最后一动时，身体重心继续左移；右脚回收成开步站立，与肩同宽，膝关节微屈；同时，两掌分别由两侧下落，捧于腹前，指尖相对，掌心向上；目视前方。

2. 动作要点

（1）侧拉之手五指要并拢屈紧，肩臂放平。

（2）八字掌侧撑需沉肩坠肘，屈腕，竖指，掌心涵空。

（3）年老或体弱者可自行调整马步的高度。

3. 注意事项

沉肩坠肘，上体直立，两脚跟外撑。

第三式　调理脾胃须单举

1. 动作说明

动作一：接上式。两腿徐缓挺膝伸直；同时，左掌上托，左臂外旋上穿经面前，随之臂内旋上举至头左上方，肘关节微屈，力达掌根，掌心向上，掌指向右；同时，右掌微上托，随之臂内旋下按至右髋旁，肘关节微屈，力达掌根，掌心向下，掌指向前，动作略停；目视前方。

动作二：松腰沉髋，身体重心缓缓下降；两腿膝关节微屈；同时，左臂屈肘外旋，左掌经面前下落于腹前，掌心向上；右臂外旋，右掌向上捧于腹前，两掌指尖相对，相距约 10 厘米，掌心向上，目视前方。

动作三、四：同动作一、二，唯左右相反。

本式一左一右为 1 遍，共做 3 遍。

第 3 遍最后一动时，两腿膝关节微屈；同时，右臂屈肘，右掌下按于右髋旁，掌心向下，掌指向前；目视前方（图 2-7）。

图 2-7

2. 动作要点

力在掌根，上撑下按，舒胸展体，拔长腰脊。

3. 注意事项

两掌放平，力在掌根，肘关节稍屈，对拉拔长。

第四式　五劳七伤往后瞧

1. 动作说明

动作一：接上式。两腿徐缓挺膝伸直；同时，两臂伸直，掌心向后，指尖向下，目视前方。然后上动不停。两臂充分外旋，掌心向外；头向左后转，动作略停；目视左斜后方。

动作二：松腰沉髋，身体重心缓缓下降；两腿膝关节微屈；同时，两臂内旋按于髋旁，掌心向下，指尖向前；目视前方。

动作三：同动作一，唯左右相反。

动作四：同动作二。本式一左一右为 1 遍，共做 3 遍。

第 3 遍最后一动时，两腿膝关节微屈；同时，两掌捧于腹前，指尖相对，掌心向上；目视前方（图 2-8）。

图 2-8

2. 动作要点

（1）头向上顶，肩向下沉。

（2）转头不转体，旋臂，两肩后张。

3. 注意事项

下颏内收，转头与旋臂幅度宜大，速度均匀。

第五式 摇头摆尾去心火

1. 动作说明

动作一：接上式。身体重心左移；右脚向右开步站立，两腿膝关节自然伸直；同时，两掌上托与胸同高时，两臂内旋，两掌继续上托至头上方，肘关节微屈，掌心向上，指尖相对；目视前方（图 2-9）。

动作二：上动不停。两腿徐缓屈膝半蹲成马步；同时，两臂向两侧下落，两掌扶于膝关节上方，肘关节微屈，小指侧向前；目视前方（图 2-10）。

图 2-9

图 2-10

动作三：身体重心向上稍升起，而后右移；上体先向右倾，随之俯身；目视右脚（图 2-11）。

动作四：上动不停。身体重心左移；同时，上体由右向前、向左旋转；目视右脚（图 2-12）。

图 2-11

图 2-12

动作五：身体重心右移，成马步；同时，头向后摇，上体立起，随之下颏微收；目视前方（图 2-13）。

动作六至动作八：同动作三至动作五，唯左右相反。

本式一左一右为 1 遍，共做 3 遍。

做完 3 遍后，身体重心左移，右脚回收成开步站立，与肩同宽；同时，两掌向外经两侧上举，掌心相对；目视前方。随后松腰沉髋，身体重心缓缓下降。两腿膝关节微屈；同时屈肘，两掌经面前下按至腹前，掌心向下，指尖相对，目视前方（图 2-14）。

图 2-13

图 2-14

2. 动作要点

（1）马步下蹲要收髋敛臀，上体中正。

（2）摇转时，颈部与尾闾要对拉伸长，好似两个轴在相对运转，速度应柔和缓慢，动作圆活连贯。

（3）年老或体弱者要注意动作幅度，不可强求。

3. 注意事项

（1）上体侧倾与向下俯身时，下颏不要有意内收或上仰，颈椎部肌肉尽量放松伸长。

（2）加大尾闾摆动幅度，应上体左倾尾闾右摆，上体前俯尾闾向后划圆，头不低于水平，使尾闾与颈部对拉拔长，加大旋转幅度。

第六式　两手攀足固肾腰

1. 动作说明

动作一：接上式。两腿挺膝伸直站立；同时，两掌指尖向前，两臂向前、向上举起，肘关节伸直，掌心向前；目视前方（图 2-15）。

动作二：两臂外旋至掌心相对，屈肘，两掌下按于胸前，掌心向下，指尖相对；目视前方（图 2-16）。

动作三：上动不停。两臂外旋，两掌心向上，随之两掌掌指顺腋下向后插；目视前方（图 2-17）。

动作四：两掌心向内沿脊柱两侧向下摩运至臀部；随之上体前俯，两掌继续沿腿后向下摩运，经脚两侧至于脚面；抬头，动作略停；目视前下方（图 2-18）。

图 2-15

图 2-16

图 2-17

图 2-18

动作五：两掌沿地面前伸，随之用手臂带动上体起立，两臂伸直上举，掌心向前；目视前方（图 2-19）。

图 2-19

本式一上一下为 1 遍，共做 6 遍。做完 6 遍后，松腰沉髋，重心缓缓下降；两腿膝关节微屈；同时，两掌向前下按至腹前，掌心向下，指尖向前；目视前方。

2. 动作要点

（1）反穿摩运要适当用力，至足背时松腰沉肩，两膝挺直，向上起身时手臂主动上举，带动上体立起。

（2）年老或体弱者可根据身体状况自行调整动作幅度，不可强求。

3. 注意事项

（1）两手向下摩运要抬头，膝关节伸直。

（2）向上起身时，要以臂带身。

第七式　攥拳怒目增气力

1. 动作说明

接上式。身体重心右移，左脚向左开步；两腿徐缓屈膝半蹲成马步；同时，两掌握固，抱于腰侧，拳眼朝上；目视前方（图 2-20）。

动作一：左拳缓慢用力向前冲出，与肩同高，拳眼朝上；瞪目，视左拳冲出方向（图 2-21）。

图 2-20

图 2-21

动作二：左臂内旋，左拳变掌，虎口朝下，目视左掌（图 2-22）。左臂外旋，肘关节微屈；同时，左掌向左缠绕，变掌心向上后握固；目视左拳（图 2-23）。

图 2-22

图 2-23

动作三：屈肘，回收左拳至腰侧，拳眼朝上，目视前方。

动作四至动作六：同动作一至动作三，唯左右相反。

本式一左一右为 1 遍，共做 3 遍。做完 3 遍后，身体重心右移，左脚回收成并步站立；同时，两拳变掌，自然垂于体侧；目视前方。

2. 动作要点

（1）马步的高低可根据腿部的力量灵活掌握。

（2）冲拳时怒目瞪眼，注视冲出之拳，同时脚趾抓地，拧腰顺肩，力达拳面；拳回收时要旋腕，五指用力抓握。

3. 注意事项

（1）冲拳时头向上顶，上体立直，肩部松沉，肘关节微屈，前臂贴肋前送，力达拳面。

（2）拳回收时，先五指伸直充分旋腕，再屈指用力抓握。

第八式　背后七颠百病消

1. 动作说明

动作一：接上式。两脚跟提起；头上顶，动作略停，目视前方。

动作二：两脚跟下落，轻震地面；目视前方（图 2-24）。

本式一起一落为 1 遍，共做 7 遍。

图 2-24

2. 动作要点

（1）上提时要脚趾抓地，脚跟尽力抬起，两腿并拢，百会穴上顶，略有停顿，要掌握好平衡。

（2）脚跟下落时，咬牙，轻震地面，动作不要过急。

（3）沉肩舒臂，周身放松。

3. 注意事项

五趾抓住地面，两腿并拢，提肛收腹，肩向下沉，百会穴上顶。

收　势

1. 动作说明

动作一：接上式。两臂内旋，向两侧摆起，与髋同高，掌心向后，目视前方（图 2-25）。

动作二：两臂屈肘，两掌相叠置于丹田处（男性左手在内，女性右手在内）；目视前方。

动作三：两臂自然下落，两掌轻贴于腿外侧；目视前方（图 2-26）

图 2-25

图 2-26

2. 动作要点

体态安祥，周身放松，呼吸自然，气沉丹田。

3. 注意事项

收功时要心平气和，举止稳重。收功后可适当做一下整理活动，如搓手浴面和肢体放松等。

第三章 易 筋 经

第一节 动作名称

预 备 势
第一式 韦驮献杵第一势
第二式 韦驮献杵第二势
第三式 韦驮献杵第三势
第四式 摘星换斗势
第五式 倒拽九牛尾势
第六式 出爪亮翅势
第七式 九鬼拔马刀势
第八式 三盘落地势
第九式 青龙探爪势
第十式 卧虎扑食势
第十一式 打躬势
第十二式 掉尾势
收 势

第二节 动作图解

预 备 势

1. 动作说明

两脚并拢站立，双手自然垂于体侧。下颌微收，百会虚领，唇齿合拢，舌自然平贴于上腭。目视前方（图 3-1）。

图 3-1

2. 动作要点

全身放松，身体中正，呼吸自然，目光内含，心平气和。

3. 注意事项

手脚摆站不自然，杂念较多时，可先调吸数次，逐渐进入练功状态。

第一式 韦驮献杵第一势

1. 动作说明

动作一：左脚向左侧开半步，与肩同宽，两膝微屈，成开立势，两手自然垂于体侧；

动作二：两臂自体侧向前抬至前平举，掌心相对，指尖朝前，自然向前平举（图 3-2）；

动作三：两臂屈肘，回收在胸前合掌，两掌相聚 10 厘米，指尖向上斜约 30°，目视前下方。动作稍停（图 3-3）。

图 3-2

图 3-3

2. 动作要点

（1）松肩虚腋。

（2）双手胸前合掌时，体前稍定，可敛气定神。

3. 注意事项

呼吸自然，心沉气定，双手屈肘回收时，动作放松，调整幅度，不可耸肩抬肘或松肩坠肘。

第二式　韦驮献杵第二势

1. 动作说明

动作一：接上式。两肘抬起，两掌伸平，指尖相对，掌心朝下，手臂约与肩呈水平（图 3-4）；

动作二：两掌向前伸展，掌心向下，指尖朝前（图 3-5）；

图 3-4

图 3-5

动作三：两掌向左右分开至侧平举，掌心向下，指尖向外；

动作四：五指自然并拢，坐腕立掌。目视前下方（图 3-6）。

图 3-6

2. 动作要点

（1）坐腕立掌时，力达掌根，脚趾抓地。

（2）呼吸自然，气定敛神。

3. 注意事项

两臂侧平举时自然伸直，与肩同高。

第三式 韦驮献杵第三势

1. 动作说明

动作一：接上式。松腕，同时两臂向前平举内收至胸前平屈，掌心向下，掌与胸相距一拳左右。目视前下方；

动作二：两掌同时内旋，翻掌至耳垂下，掌心朝上，虎口相对，两肘外展，约与肩平（图 3-7）；

动作三：重心前移至前脚掌支撑，提踵。同时，两掌上托至头顶，掌心朝上，展肩伸肘。微收下颏，舌抵上腭，紧咬牙关（图 3-8）。

动作四：静立片刻。

图 3-7

图 3-8

2. 动作要点

（1）上托时，前脚掌支撑，下沉上托，脊柱竖直，重心稍前移。

（2）年老者或体弱者可自行调整两脚提踵的高度。

（3）上托时，目视前下方，自然呼吸。

3. 注意事项

（1）两掌上托时，伸肘，两臂夹耳。

（2）上托时强调意注两掌，而非目视两掌。

第四式 摘星换斗势

1. 动作说明

左摘星换斗势

动作一：接上式。两脚跟缓缓落地。同时，两手握拳，拳心向外，两臂下落至侧上举处后（图 3-9）。随后两拳慢慢伸开变掌，掌心斜向下，目视前下方（图 3-10）。身体左转，屈膝，同时，右臂上举经体前下摆至左髋关节外侧“摘星”，右掌自然张开；左臂经体侧下摆至体后，左手背轻贴命门。目视右掌（图 3-11）；

动作二：直膝，身体转正。同时，右手经体前向额上摆至头顶右上方，松腕，肘微屈，掌心朝下，手指向左，左手静止，中指尖垂直于肩井穴；左手背轻贴命门，意注命门，右臂上摆时眼随手走，定势后目视掌心。静立片刻，然后两臂向体侧自然伸展（图 3-12）。

图 3-9

图 3-10

图 3-11

图 3-12

右摘星换斗式

右摘星换斗势与左摘星换斗式动作相同，方向相反。

2. 动作要点

（1）转身时以腰带肩，以肩带臂。

（2）目视掌心，意注命门，自然呼吸。

（3）老人和肩颈病患者可以适当减小动作幅度。

3. 注意事项

（1）转身时，目上视，注意松腰、收腹，膝关节不可随着一起转动。

（2）两肩转动时自然放松，以腰带动，不可一高一低。

第五式 倒拽九牛尾势

1. 动作说明

右倒拽九牛尾势

动作一：接上式。两膝微屈，身体重心右移，左脚向左侧后方约 45° 撤步，右脚跟内转，右腿屈膝成右弓步。同时，左手内旋，向前、向下画弧后伸，小指到拇指逐个相握成拳，拳心向上；右手向前上方画弧，伸至与肩齐平时小指至拇指逐个回收成拳，拳心向上，稍高于肩。目视右拳（图 3-13）；

动作二：身体重心后移，左膝微屈。腰稍右转，以腰带肩，以肩带臂。右臂外旋，左臂内旋，屈肘内收。目视右拳（图 3-14）；

图 3-13

图 3-14

动作三：身体重心前移，屈膝成弓步。腰稍左转，以腰带肩，以肩带臂，两臂放松前后伸展。目视右拳；

重复 2 ～ 3 动 3 遍。

动作四：身体重心前移至右脚，左脚收回，右脚尖转正，成开立姿势。同时，两臂自然垂于体侧。目视前下方。

左倒拽九牛尾势

左倒拽九牛尾势与右倒拽九牛尾势动作、次数相同，方向相反。

2. 动作要点

（1）以腰带肩，以肩带臂，力贯两膀。

（2）腹部放松，目视拳心。

（3）前后拉伸，松紧适宜，并与腰的旋转紧密配合。

（4）后退步时，注意掌握重心，身体平稳。

3. 注意事项

（1）屈拽时两臂放松，动作自然，不可用力僵硬。

（2）旋拧两臂时，注意拳心向外。

第六式　出爪亮翅势

1. 动作说明

动作一：接上式。身体重心移至左脚，右脚收回，成开立姿势。同时，右臂外旋，左臂内旋，摆至侧平举，两掌心向前（图 3-15，图 3-16），环抱至体前，随之两臂内收，两手变柳叶掌立于云门穴前，掌心相对，指尖朝上。目视前下方（图 3-17）；

图 3-15

图 3-16

图 3-17

动作二：展肩扩胸，然后松肩，两臂缓缓前伸，并逐渐转掌心向前，成荷叶掌，指尖向上。瞪目（图 3-18）；

动作三：松腕，屈肘，收臂，立柳叶掌于云门穴。目视前下方（图 3-19）。

重复 2 ～ 3 动 3 到 7 遍。

图 3-18

图 3-19

2. 动作要点

（1）出掌时身体正直，瞪眼怒目，同时两掌运用内劲前伸，先轻如推窗，后重如排山；收掌时如海水还潮。

（2）出掌是荷叶掌，收掌为柳叶掌。

（3）收掌时自然吸气，推掌时自然呼气。

3. 注意事项

（1）出掌前肩胛先内收，扩胸展肩充分。

（2）两掌前推时，要用内劲，犹如推窗、排山。

（3）按照“推呼收吸”的规律练习呼吸。

第七式　九鬼拔马刀势

1. 动作说明

动作一：接上式，躯干右转。同时，右手外旋，掌心向上；左手内旋，掌心朝下（图 3-20）。随后右手由胸前内收经右腋下后伸，掌心向外，同时，左手由胸前伸至前上方，掌心向外（图 3-21）；

图 3-20

图 3-21

动作二：躯干稍左转。同时，右手经体侧向前上摆至头前上方后屈肘，由后向左饶头半周，掌心掩耳；左手经体左侧下摆至左后，屈肘，手背贴于脊柱，掌心向后，指尖向上。头右转，右手中指按压耳廓，手掌扶按“玉枕”。目随右手动，定式后视左后方（图 3-22）；

动作三：身体右转，展臂扩胸。目视右上方，动作稍停（图 3-23）；

动作四：屈膝，上体左转。同时，右臂内收，含胸；左手沿脊柱尽量上推。目视右脚跟，动作稍停，重复 3 ～ 4 动 3 遍（图 3-24）。

动作五：直膝，身体转正。同时，右手向上经头顶上方向下至侧平举；左手经体侧向上至侧平举，两掌心朝下。目视前下方。

图 3-22

图 3-23

图 3-24

左九鬼拔马刀势

左九鬼拔马刀势与右九鬼拔马刀势动作、次数相同，方向相反。

2. 动作要点

（1）动作对拔拉伸，尽量用力；身体自然弯曲转动，协调一致。
（2）展臂扩胸时吸气，合臂团胸时呼气。
（3）两臂内合、上抬时自然呼气，起身展臂时自然吸气。
（4）高血压、颈椎病患者和年老体弱者，头部转动的角度应小，且轻缓。

3. 注意事项

（1）合臂时，身后之臂主动上推。
（2）下蹲时重心不偏移。
（3）动作放松，切忌故意转动头部。

第八式　三盘落地势

1. 动作说明

动作一：左脚向左侧开步，两脚距离约宽于肩，脚尖向前（图 3-25）。目视前下方，屈膝下蹲。同时，沉肩、坠肘，两掌逐渐用力下按，两肘微屈，掌心朝下，指尖向外。目视前下方。下蹲时，口吐“嗨”音，音吐尽时，舌尖向前轻抵上下牙之间，终止吐音（图 3-26）；

图 3-25

图 3-26

动作二：翻掌向上，肘微屈，上托至侧平举，同时，缓缓起身直立。目视前方。

重复 1 ～ 2 动 3 遍。第一遍微蹲；第二遍半蹲；第三遍全蹲。

2. 动作要点

（1）下蹲时，松腰，裹臀，两掌如负重物；起身时，两掌如托千斤重物。

（2）下蹲时依次加大幅度。年老与体弱者下蹲深度可灵活掌握，量力而行。

（3）下蹲与起身时，上体始终直立，不应前倾或后仰。

（4）吐“嗨”音时，口微张，上唇着力压龈交穴，下唇松，不着力于承浆穴，音从喉部发出。

（5）瞪眼闭口时，舌抵上腭，身体中正安舒。

3. 注意事项

（1）下蹲按掌、屈肘，两掌水平下按。

（2）下蹲时注意口吐“嗨”音。

第九式 青龙探爪势

1. 动作说明

右青龙探爪势

动作一：接上式。左脚收半步，约与肩同宽。两手“握固”，两臂屈肘内收于腰间，拳轮贴于章门穴，拳心向上。目视前下方（图 3-27）。然后右拳变掌，右臂伸直，经下向右侧外展，略低于肩，掌心向上。目随手动（图 3-28）。

动作二：右臂屈肘、松腕，掌变“龙爪”，指尖朝左，经下颏向身体左侧水平伸出，目随手动。躯干随之向左转约 90° 。目视右掌指所指方向（图 3-29）。

图 3-27

图 3-28

图 3-29

动作三："右爪"变掌，随之身体左前屈，掌心向下按至左脚外侧。目视下方（图 3-30，图 3-31）。躯干由左前屈转至右前屈，并带动右手经左膝或左脚前画弧至右膝或右脚外侧，手臂外旋，掌心向前，"握固"。目随手动视下方（图 3-32）。

图 3-30

图 3-31

图 3-32

动作四：上体抬起，直立。右拳随上体抬起收于章门穴，拳心向上。目视前下方。

左青龙探爪势

左青龙探爪势与右青龙探爪势动作相同，方向相反。

2. 动作要点

（1）伸臂探“爪”，下按画弧，力注肩背，动作自然、协调，一气呵成。
（2）目随手走，意存“爪”心。
（3）年老与体弱者前俯下按或划弧时，量力而行。

3. 注意事项

（1）身体前俯时动作幅度适宜，膝关节打直。
（2）五指伸直分开，目视食指、无名指、小指内收，力在“爪”心。

第十式 卧虎扑食势

1. 动作说明

左卧虎扑食势

动作一：接上式。右脚尖内扣 45°，左脚收至右脚内侧成丁字步。同时身体左转约 90°，两手“握固”与腰间章门穴不变。目随转体视左前方。

动作二：左脚向前迈一大步，成左弓步。同时，两拳提至肩部云门穴，并内旋变“虎爪”，向前扑按，如虎扑食，肘微屈。目视前方（图 3-33）。

动作三：躯干由腰到胸逐节屈伸，重心随之前后适度移动。同时，两手随躯干屈伸向下、向后、向上、向前绕环一周。随后上体下俯，两“爪”下按，十指着地。右腿屈膝，脚指抓地；前脚跟稍抬起。随后塌腰，挺胸抬头，瞪目，动作稍停，目视前上方（图 3-34）。

图 3-33

图 3-34

年老体弱者可俯身，两“爪”向前下按至左膝前两侧，顺势逐步塌腰、挺胸、抬头、瞪目。动作稍停。

动作四：起身，双手“握固”于腰间掌门穴，身体重心后移，左脚尖内扣约135°，身体重心左移。同时，身体右转180°，右脚收至左脚内侧成丁步。

右卧虎扑食势

右卧虎扑食势与左卧虎扑食势动作相同，方向相反。

2. 动作要点

（1）躯干涌动带动双手前扑绕环。

（2）抬头瞪目时，力达指尖，腰部成反弓形。

（3）年老和体弱者应根据身体状况调整动作幅度。

3. 注意事项

（1）躯干直立，目视前上方。

（2）五指末端弯曲，力在指尖。

第十一式　打　躬　势

1. 动作说明

动作一：接上式。起身，身体重心右移，随之身体转正。右脚尖内扣，脚尖朝前，左脚收回，成开立姿势。同时，两手随身体左转放松，外旋，掌心向前，外展至侧平举后，两臂屈肘，两掌掩耳，十指扶按枕部，指尖相对，用两手食指弹拨中指击打枕部7次（鸣天鼓）。目视前下方（图3-35）。

动作二：身体前俯，从头颈胸腰骶缓慢向下逐节牵引，两膝伸直，目视脚尖，停留片刻。

动作三：由骶腰胸颈头自下而上缓缓逐节伸直后呈直立。同时，两掌掩耳，十指扶按枕部，指尖相对。目视前下方。

重复2～3动3遍，逐渐加大身体前屈幅度，并稍停。第1遍前屈小于90°，第2遍前屈约90°，第3遍前屈大于90°（图3-36）。年老体弱者可分别前屈约30°，约45°，约90°。

图 3-35

图 3-36

2. 动作要点

（1）体前屈肘，直膝，两肘外展。
（2）体前屈时，脊柱自颈向前拔伸蜷曲如勾；后展时，从尾椎向上逐节伸展。
（3）年老和体弱者可根据自身状况调整前屈的幅度。

3. 注意事项

内紧外松，动作缓慢，双腿打直。

第十二式 掉 尾 势

1. 动作说明

接上式。起身直立后，两手猛然拔离双耳（图 3-37）。手臂自然前伸，十指交叉相握，掌心朝内（图 3-38）。屈肘，翻掌前伸，掌心向外（图 3-39）。然后屈肘，转掌心向下内收于胸前。身体前屈塌腰、抬头，两手交叉缓缓下按。目视前方。年老和体弱者身体前屈，抬头，两掌缓缓下按可至膝前。

动作一：头向左后转，同时，臀向左前扭动。目视尾闾（图 3-40）；

图 3-37

图 3-38

图 3-39

图 3-40

动作二：两手交叉不动，放松还原至体前屈；

动作三：头向右后转，同时，臀向右前扭动。目视尾闾；

动作四：两手交叉不动，放松还原至体前屈。

重复 1 ～ 4 动三遍。

2. 动作要点

（1）转身扭臀时，头与臀部做相向运动。

（2）高血压、颈椎病患者与年老体弱者要量力而行，头部动作应小而轻缓。根据自身情况调整身体前屈和臀部扭动的幅度和次数。

（3）配合动作，自然呼吸，意识专一。

3. 注意事项

交叉手下按固定不动，注意体会同侧肩与髂相合。

收　势

1. 动作说明

动作一：收上式。双手松开，两臂外旋，上体缓缓直立。同时，两臂伸直外展成侧平举，掌心向上（图 3-41），随后两臂上举，肘微屈，掌心朝下。目视前下方（图 3-42）。

图 3-41

图 3-42

动作二：松肩，屈肘，两臂内收，两掌从体前下引至腹部，掌心向下。目视前下方。

重复 1 ～ 2 动 3 遍。

两臂放松还原，自然垂于体侧。左脚收回，并拢站立，舌抵上腭，目视前方（图 3-43）。

2. 动作要点

（1）第一、二次两手下引至腹部以后，意念继续下引，经涌泉穴入地。最后一次则意念随两手下引至腹部稍停。

（2）下引时，两臂匀速缓缓下行。

图 3-43

3. 注意事项

头正，目视前下方。

第四章　五　禽　戏

第一节　动作名称

预　备　势

第一戏　虎戏：虎举　虎扑

第二戏　鹿戏：鹿抵　鹿奔

第三戏　熊戏：熊运　熊晃

第四戏　猿戏：猿提　猿摘

第五戏　鸟戏：鸟伸　鸟飞

收　　势

第二节　动作图解

预备势　起势调息

1. 动作说明

动作一：两腿并拢自然伸直，两手自然下垂于体侧。胸腹放松，头正颈直，下颚微收，舌抵上颌，目视前方。

动作二：两膝微屈，重心右移，左脚缓缓向左侧平开一步，与肩同宽，重心移至两腿之间，两膝微屈，松静站立。调息数次，意守丹田。

动作三：两臂在体前掌心向上自然上提，与胸同高，两肘下垂外展，两手向内翻转，并缓慢下按至腹前，重复 3 次（图 4-1）。

2. 动作要点

（1）两臂上提下按，意在两掌劳宫穴，动作柔和、均匀、连贯。

（2）动作也可配合呼吸，两臂上提时吸气，下按时呼气。

图 4-1

3. 注意事项

（1）开步时，注意两脚重心转移，重心右移后缓缓出左脚，左脚尖着地后重心再缓缓移到两腿中间。

（2）两掌上提时，两肩自然下沉，肩肘手缓慢自然上提下按。

第一戏　虎　　戏

“虎戏”要体现虎的威猛。神发于目，虎视眈眈；威生于爪，伸缩有力。神威并重，气势凌人。动作变化要做到刚中有柔、柔中有刚、外刚内柔、刚柔相济，具有动如雷霆无阻挡，静如泰山不可动摇的气势。

第一式　虎举

1. 动作说明

动作一：接上式，两掌撑开变“虎爪”状，目视两掌（图 4-2）。

动作二：两掌有“虎爪”变握拳，拳心相对，两拳沿体前缓慢上提，至肩前时（图 4-3），十指撑开举至头上方，眼睛跟手走。

图 4-2

图 4-3

动作三：两掌变“虎爪”后握拳，拳心相对下拉（图 4-4、图 4-5），下拉至肩前时，变掌下按至腹前，掌心向下，眼睛跟手走。

图 4-4

图 4-5

动作四：重复 1 ～ 3 动 3 遍后，两手自然下垂于体侧。

2. 动作要点

（1）十指撑开，弯曲成“虎爪”，外旋握拳，三个环节均要贯注劲力。

（2）两掌向上如托举重物，提胸收腹，充分拔长躯体。两掌下落如拉双环，含胸松腹，气沉丹田。

（3）眼随手动。

（4）动作可配合呼吸，两掌上举时吸气，下落时呼气。

3. 注意事项

（1）手型由掌变拳，“虎爪”状形态要明显。

（2）两掌向头部正上方托举，身体与地面保持垂直。

第二式　虎扑

1. 动作说明

动作一：接上式，两掌变半握拳，沿体侧上提至肩前上方，继续向上、向前画弧，十指弯曲成“虎爪”，同时上体前俯，挺胸踏腰，目视前方（图 4-6）。

动作二：两腿屈膝下蹲，收腹含胸。两手向下画弧至两膝两侧，掌心向下，目视前下方（图 4-7）。

动作三：两腿伸膝，送髋，上体挺腹后仰，同时两掌变半握拳沿体侧上提至胸侧目视前上方。

动作四：重心移至右脚，左脚提起（图 4-8），向左前方迈出一步，脚跟着地；右腿屈膝下蹲成虚步，同时两手向前向下变“虎爪”下扑至膝前两侧，掌心向下，目视前下方（图 4-9）。随后上体抬起，左脚收回，开步站立，两手自然下垂于体侧。

图 4-6

图 4-7

图 4-8

图 4-9

动作五：动作 5 ～ 8 同动作 1 ～ 4，唯左右相反。

动作六：重复 1 ～ 8 动作一遍后，两掌向身体侧前方举起，与胸同高，掌心向上。两臂屈肘，两掌内合下按，自然垂于体侧，眼睛目视前方。

2. 动作要点

（1）上体前俯，两手尽力向前伸，两臀部向后引，充分伸展脊柱。

（2）屈膝下蹲，收腹含胸要与伸膝、送髋、挺腹、后仰动作连贯，使脊柱形成由折叠到展开的蠕动，两掌下按、上提要与之配合协调。

（3）虚步下扑时，速度可加快，先柔后刚，配合快速呼气，气由丹田发出，以气催力，力达指尖，表现出虎的威猛。

（4）中老年习练者或体弱者，可根据情况适当减小动作幅度。

3. 注意事项

（1）两手前伸抓扑时，拳变“虎爪”，力达指尖，由柔转刚。两掌向里画弧回收时，“虎爪”屈拢，轻握空拳，由刚转柔。

（2）身体前挺展开时，两手要注意后伸，运行路线要成弧形，协助身体完成屈伸蠕动。

（3）迈步时，两脚横向间距要保持一定宽度，适当增大稳定角度。

第二戏　鹿　戏

鹿喜挺身眺望，好角抵，运转尾闾，善奔走，通任、督两脉。习练“鹿戏”时，动作要轻盈舒展，神态要安闲雅静，意想自己置身于群鹿中，在山坡、草原上自由快乐地活动。

第三式　鹿抵

1. 动作说明

动作一：接上式，两腿微屈，身体重心移至右腿，左脚经右脚内侧向左前方迈步，脚跟着地。同时，身体稍右转，两掌握空拳向右侧摆起，拳心向下，高与肩平，眼睛跟右手走（图 4-10）。

动作二：左腿屈膝，身体重心向左腿压，同时左脚尖外展踏实，右腿伸直踏实。同时，身体左转，两拳变鹿角向上、向左、向后画弧，左手肘关节抵在左侧腰，右手臂举至头前向左后方伸出。眼睛看右脚后跟（图 4-11）。随后身体右转，左脚收回，成开立步，同时，双手向上、向右、向下画弧，两掌握空拳下落于体前。目视前下方。

图 4-10

图 4-11

动作三：动作 3、4 同动作 1～2，唯左右相反；1～4 动作重复一次，回到预备式。

2. 动作要点

（1）腰部侧屈拧转，侧屈的一侧腰部要压紧，另一侧腰部则借助上举手臂后伸，得到充分牵拉。

（2）后脚脚跟要踏实，固定下肢位置，加大腰腹部的拧转幅度，运转尾闾。

（3）动作可配合呼吸，两掌画弧摆动时吸气，向后伸抵时呼气。

3. 注意事项

（1）腰部侧屈拧转时，身体不可过于前倾。

（2）身体要充分侧屈，眼要看到脚跟。

第四式　鹿奔

1. 动作说明

动作一：接上式，左脚向前一步，成左弓步，同时两掌握空拳，向上向前画弧至体前，与肩同宽、同高，掌心向下。目视前方（图 4-12）。

动作二：身体重心后移，左膝伸直，全脚掌着地，右腿屈膝。低头、弓背、收腹。同时，两臂内旋，两掌前伸，掌背相对，拳变成鹿角（图 4-13）。

图 4-12

图 4-13

动作三：身体重心前移，上体抬起，成左弓步。同时，两臂外旋，鹿角变空拳，与肩同高，拳心向下，目视前方。

动作四：左脚收回，换右边动作时，两脚有一轻盈的跳动，两拳变掌垂于体侧。目视前方。

动作五：动作 5 ～ 8 同动作 1 ～ 4，唯左右相反。重复 1 ～ 8 动作一遍，进行一次同虎扑结束时的调息。

2. 动作要点

（1）提脚前跨要有弧度，落地轻灵，体现鹿的安舒神态。

（2）身体后坐时，两臂前伸，胸部内含，背部形成“横弓”状；头前伸，背后拱，腹收缩，臀内敛，形成“竖弓”状，使腰背部得到充分伸展和拔长。

（3）动作可配合呼吸，身体后坐时配合吸气，重心前移时配合呼气。

3. 注意事项

（1）落步后两脚不可成一直线，防止重心不稳。

（2）背部“横弓”与躯干“竖弓”要明显。

第三戏 熊 戏

"熊戏"要表现出熊憨厚沉稳、松静自然的神态。运势外阴内阳，外动内静，外刚内动，以意领气，气沉丹田；行步外观笨重拖沓，其实笨中生灵，蕴涵内劲，沉稳之中显灵敏。

第五式 熊运

1. 动作说明

动作一： 接上式，两掌握空拳变成"熊掌"，拳眼相对，垂于腹部，目视两拳。

动作二： 以腰腹为轴，上体做右上左下的腹部摇晃，两拳在腹前做画圆动作，眼睛随手走，重复一次。

动作三： 动作 5 ～ 8 同动作 1 ～ 4（图 4-14），唯方向相反。完成后两拳变掌自然下垂。

图 4-14

2. 动作要点

（1）两掌画圆是因腰腹部的摇晃而被动牵动，要协调自然。

（2）两掌画圆是外导，腰腹摇晃为内引，意念内气在腹部丹田运行。

（3）动作可配合呼吸，身体上提时吸气，身体前俯时呼气。

3. 注意事项

（1）肩肘放松，两掌轻附于腰、腹，体会用腰腹的摇晃来带动两手运行。

（2）相对固定腰、胯位置，身体摇晃时，在意念上是做立圆摇转。因此，当向上摇晃时，做提胸收腹，充分伸展腰、腹；向下摇晃时，做含胸松腹，挤压脾、胃、肝等中焦区域的内脏器官。

第六式 熊晃

1. 动作说明

动作一： 接上式，身体重心右移，左髋上提，牵动左脚离地，再微屈左膝。两掌握空拳成“熊掌”，目视左前方（图 4-15）。

动作二： 身体重心前移，左脚向左前方迈步落实，全脚掌踏实，脚尖向前成左弓步。同时，身体右转，左臂内旋前靠，摆至左膝前，拳心向左外侧；右拳摆至体后，拳心向后，目视左前方（图 4-16）。

图 4-15

图 4-16

动作三： 身体左转，重心后坐，右腿屈膝，左腿伸直。同时，拧腰晃肩，带动两臂前后弧形摆动，右拳摆至左膝前上方，拳心向右；左拳摆至体后，拳心向后。目视左前方。

动作四： 身体右转，重心前移。左腿屈膝，右腿伸直。同时，左臂内旋前靠，左拳摆至左膝前上方，拳心向左外侧；右拳摆至体后，拳心向后，目视左前方。

动作五： 动作 5～8 同动作 1～4，唯左右相反。重复 1～8 动作一遍后，跟左脚成开立步，两拳变掌自然下垂。进行一次同虎扑结束时的调息。

2. 动作要点

（1）用腰侧肌群收缩来牵动大腿上提，按提髋、起腿、屈膝的先后顺序提腿。

（2）两脚前移，横向间距稍宽于肩，随身体重心前移，全脚掌踏实，使震动感传至髋关节处，体现熊步的沉稳厚实。

3. 注意事项

（1）可先练习左右提髋，方法是两肩保持水平，重心移向右脚，上提左髋，牵动左腿提起，再原处落下；然后重心左移，上提右髋，以此体会腰侧肌群收缩状态。

（2）提髋，屈膝，身体重心前移，脚自然落地，体重落于全脚掌。同时，踝、膝关节放松，使震动感传至髋部。

第四戏　猿　　戏

猿生性好动，机智灵敏善于纵跳，折枝攀树，躲躲闪闪，永不疲倦。习练“猿戏”时，外练肢体的轻灵敏捷，欲动则如疾风闪电，迅敏机警；内练精神的宁静，欲静则以静月凌空，万籁无声。从而达到“外动内静”“动静结合”的境界。

第七式　猿提

1. 动作说明

动作一： 接上式，两掌在体前，手指伸直分开，再屈腕五指捏拢成“猿勾”（图 4-17）。

动作二： 两掌上提至胸前，两肩上耸，收腹提肛。同时，脚后跟提起，头向左转，眼睛看左侧（图 4-18）。

图 4-17

图 4-18

动作三： 两肩下沉，头转正，松腹落肛，脚后跟着地。同时，“猿勾”变掌掌心向下。目视前方。

动作四： 两掌沿体前下按落于体侧，目视前方。

动作五： 动作 5 ～ 8 同动作 1 ～ 4，唯右转头。重复 1 ～ 8 动作一遍。

2. 动作要点

（1）掌指撮拢变勾，速度稍快。

（2）按耸肩、收腹、提肛、脚跟离地、转头的顺序，上提重心。耸肩、缩胸、屈肘、提腕要充分。

（3）动作可配合提肛呼吸，两掌上提吸气时，稍用意提起会阴部；下按呼气时，放下会阴部。

3. 注意事项

（1）头部“百会穴”上领，牵动整个身体垂直向上，起到稳定重心的作用。

（2）以胸部“膻中穴”为中心，缩项、夹肘、团胸、收腹，可加强胸、背部和上肢的团聚程度。

第八式　猿摘

1. 动作说明

动作一：接上式，左脚向左后方撤步，脚尖点地；右腿屈膝，重心落于右腿。同时，左臂屈肘，左掌成“猿勾”收至左腰侧；右掌向右前方自然摆起，掌心向下（图 4-19）。

动作二：身体重心后移，左脚踏实，屈膝下蹲；右脚收至左脚内侧，脚尖点地，成右丁字步。同时，右掌向下经腹前向左上方画弧至头左侧，掌心对太阳穴。目先随右手动，再转头注视右前上方（图 4-20）。

图 4-19

图 4-20

动作三：右掌内旋，掌心向下，沿体侧下按至左髋侧（图 4-21）。目视右掌。右脚向右前方迈出一大步，左脚蹬伸，身体重心前移，右腿伸直，左脚脚尖点地。同时，右掌经体前向右后上方画弧，举至体侧变“猿勾”，稍高于肩；左掌向前、向上伸举，屈腕捏勾，成采摘势。目视左掌（图 4-22）。

图 4-21

图 4-22

动作四： 身体重心后移。左掌由“猿勾”变为“握固”；右手变掌自然回落于体前，虎口向前。随后左腿屈膝下蹲；右脚收至左脚内侧，脚尖点地，成右丁字步。同时，左臂屈肘收至左耳旁，掌指分开，掌心向上，成托桃状；右掌经体前向左画弧至左肘下捧托。目视左掌（图 4-23）。

图 4-23

动作五： 动作 5 ～ 8 同动作 1 ～ 4，唯左右相反。重复 1 ～ 8 动作一遍，左脚向左横开一步，两腿直立，进行一次同虎扑结束时的调息。

2. 动作要点

（1）眼要随上肢动作变化左顾右盼，表现出猿猴眼神的灵敏。

（2）屈膝下蹲时，全身呈收缩状。蹬腿迈步，向上采摘，肢体要充分展开。采摘时变“猿勾”手指撮拢快而敏捷；变“握固”后，成托桃状时，掌指要及时分开。

（3）动作以神似为主，重在体会其意境，不可太夸张。

3. 注意事项

（1）下蹲时，上臂靠近身体。蹬伸时，手臂要充分展开。

（2）向上采摘时，手的运行路线呈向上弧形，动作到位时，手掌才变“猿勾”状。

第五戏　鸟　戏

鸟戏取形于鹤，鹤属轻盈安详的鸟类，人们对其进行描述时往往寓意其健康长寿。习练时，要表现出鹤的昂然挺拔、悠然自得的神韵。仿效鹤翅飞翔，抑扬开合。两臂上提，伸颈运腰，真气上引；两臂下合，含胸松腹，气沉丹田。活跃周身经络，灵活四肢关节。

第九式　鸟伸

1. 动作说明

动作一：接上式，两腿微屈下蹲，两掌在腹前相叠左上右下（图 4-24）。

动作二：两掌向上举至头前上方，掌心向下，脚尖向前。身体微前倾，提肩，缩颈，挺胸，塌腰。目视前下方（图 4-25）。

图 4-24

图 4-25

动作三：两腿微屈下蹲，同时两掌相叠下按至腹前。目视两掌。

动作四：身体重心右移，右腿蹬直，左腿伸直向后抬起。同时，两掌左右分开，掌成“鸟翅”向体侧后方摆起，掌心向上（图 4-26）。抬头，伸颈，挺胸，塌腰。目视前方。随后两掌下落经体侧叠于腹前，左脚回落成左右开立步，两腿微屈半蹲。

图 4-26

动作五：动作 5 ～ 8 同动作 1 ～ 4，唯左右相反。重复 1 ～ 8 动作一遍后，右脚回落，两脚成开立步，两掌自然下垂。目视前方。

2. 动作要点

（1）两掌在体前相叠，上下位置可任选，以舒适自然为宜。

（2）注意动作松紧变化。掌上举时，颈、肩、臀部紧缩；下落时，两腿微屈，颈、肩、臀部松沉。

（3）两臂后摆时，身体向上拔伸，并形成向后反弓状。

3. 注意事项

（1）先练习两掌相叠，在体前做上举下落动作，上举时收紧，下落时放松，逐步过渡到完整动作。

（2）身体重心移到支撑腿后，另一腿再向后抬起，支撑腿的膝关节挺直，有助于提高动作的稳定性。

第十式　鸟飞

1. 动作说明

动作一： 接上式，两腿微屈，两掌成“鸟翅”合于腹前，掌心相对（图 4-27）。目视前下方。右腿伸直独立，左腿屈膝提起，小腿自然下垂，脚尖向下。同时，两掌成展翅状在体侧平举向上，稍高于肩，掌心向下。目视前方（图 4-28）。

图 4-27

图 4-28

动作二： 左脚下落在右脚旁，脚尖着地，两腿微屈。同时，两掌合于腹前，掌心相对。目视前下方。

动作三： 右腿伸直独立，左腿屈膝提起，小腿自然下垂，脚尖向下。同时，两掌经体侧上举至头顶上方，掌背相对，指尖向上。目视前方（图 4-29）。

图 4-29

动作四：左脚下落在右脚旁，全脚掌着地，两腿微屈。同时，两掌合于腹前，掌心相对，目视前下方。

动作五：动作 5-8 同动作 1-4，唯左右相反。重复 1-8 动作一遍后，进行一次同虎扑结束时的调息。

2. 动作要点

（1）两臂侧举，动作舒展，幅度要大，尽量展开胸部两侧；两臂下落内合，尽量挤压胸部两侧。

（2）手脚变化配合协调，同起同落。

（3）动作可配合呼吸，两掌上提时吸气，下落时呼气。

3. 注意事项

（1）两臂上举时，力从肩发，先沉肩，再松肘，最后提腕，形成手臂举起的蠕动过程；下落时，先松肩，再沉肘，最后按掌合于腹前。

（2）两臂上举吸气，头部“百会穴”上领，提胸收腹；下落呼气，松腰松腹，气沉丹田。

收势 引气归元

1. 动作说明

动作一：接上式，两手掌心向上侧平上托，托至头上方；掌心向下从体前下按至腹前，目视前方；上托吸气，下按吐气，调息三次（图 4-30）。

动作二：两手侧打开 45° 腹前画弧，两掌虎口交叉，合拢于腹前，男性左手在内，女性右手在内，眼睛微闭（图 4-31）。

图 4-30

图 4-31

动作三：两手掌心相对搓热，面部自下而上画圆，浴面 4 ～ 5 次（图 4-32、图 4-33）。

动作四：两手向后沿头顶、耳后、胸前下落，自然垂于体侧，目视前方，左脚向右脚并拢，自然站立（图 4-34）。

图 4-32

图 4-33

图 4-34

2. 动作要点

（1）两掌由上向下按时，身体各部位要随之放松，直达脚底涌泉穴。

（2）两掌腹前画平弧动作，衔接要自然、圆滑，有向前收拢物体之势，意将气息合抱引入丹田。

3. 注意事项

（1）身体重心相对固定，两掌上举时，注意肩部下沉放松。

（2）两掌在体侧向上做立圆和在腹前向前画平弧时，意念要放在掌心。

参考文献

丁继华 . 1999. 中国传统养生经典 . 人民体育出版社

国家体育总局健身气功管理中心 . 2012. 健身气功 . 北京：人民体育出版社

国家体育总局健身气功管理中心 . 2012. 健身气功 • 八段锦 . 北京：人民体育出版社

国家体育总局健身气功管理中心 . 2012. 健身气功 • 五禽戏 . 北京：人民体育出版社

国家体育总局健身气功管理中心 . 2012. 健身气功 • 易筋经 . 北京：人民体育出版社

刘海飚 . 2015. 零成本健身计划 . 化学工业出版社

邱丕相 . 2009. 中国传统体育养生学 . 北京：人民体育出版社

人民体育出版社 . 2007. 太极拳运动 . 北京：人民体育出版社

杨克新 . 2015. 健身气功丛书 . 天津科技出版社

张震寰 . 1995. 中国气功大典 . 团结出版社